LES 205 MARTYRS JAPONAIS

BÉATIFIÉS PAR N. S. P. LE PAPE PIE IX

Dans la Basilique Vaticane le dimanche 7 Juillet 1867

*Cristo profusum sanguinem
Et martyrum victorias
Dignamque cœlo lauream
Lætis sequamur vocibus:*
(Hymn ad matut ad com. mart.)

Sur le point de monter au Ciel où il est assis à la droite de Dieu, son père, Notre-Seigneur Jésus-Christ prédit à ses apôtres qu'ils rendraient témoignage de sa divinité jusqu'aux extrémités de la terre : *Et eritis mihi testes... usque ad ultimum terræ.* (ACT. APOST. I, 8.) Or, ce n'est pas seulement par la voix qu'ils étaient appelés à rendre ce témoignage ; ils devaient encore verser leur sang pour la défense de leur foi, et leur sang allait dans son effusion crier plus haut que celui d'Abel : *Et sanguinis aspersionem melius loquentem quam Abel,* selon l'expression du Docteur des Gentils. (HEBR. XII, 24.) En effet, pour nous servir des termes mêmes du disciple bien-aimé, Jésus-Christ étant venu avec l'eau et le sang, non point avec l'eau seulement, mais avec l'eau et le sang, et l'esprit attestant que Jésus-Christ est la vérité, il y en a trois qui rendent témoignage sur la terre, l'esprit, l'eau et le sang : *Hic est qui venit per aquam et sanguinem, Jesus Christus , non in aqua solum sed in aqua et sanguine, et spiritus est qui testificatur quoniam Christus est veritas... Tres sunt qui testimonium dant in terra, spiritus, et aqua, et sanguis* (JOAN. I. EPIST. V, 6 et 8). Aussi, de tout temps l'Eglise catholique à laquelle les apôtres et les prophètes, comme le dit St Paul, servent de base et dont le Sauveur lui-même est la pierre angulaire, l'Eglise catholique a-t-elle eu pour elle le témoignage du sang ; seule elle est en droit de l'invoquer en sa faveur comme le premier et le plus précieux des témoignages rendus à la vérité et elle peut, avec juste raison, adresser à son divin fondateur les paroles de Séphora à Moïse. « Vous êtes pour moi un Epoux de sang : *sponsus sanguinum tu mihi es* (EXOD. IV, 25). Sortie, suivant la mystique des saints Pères, de la blessure profonde que la lance du soldat fit au côté sacré du Sauveur, elle s'est répandue par tout le monde avec les flots de sang qu'ont versés pour sa défense ses enfants et ses ministres, et s'est encore affermie de siècle en siècle, par l'effusion de ce sang généreux : tous les sexes, tous les âges, toutes les conditions et tous les pays lui ont donné des martyrs.

C'est ainsi que, dans les premières années du XVIIᵐᵉ siècle, de 1617 à 1632, les fidèles du Japon renouvelèrent aux yeux de Dieu, des anges et des hommes, le spectacle admirable que les premiers chrétiens avaient donné jadis, cimentant de leur sang leurs croyances et se laissant plutôt égorger que de forfaire à leur foi.

Tout le monde connait, de réputation au moins, ces trois mille huit cents cinquante iles ou ilots qui, sous le nom de *Japan, Japon, Niphon, Xicoco ou Ximo*, forment un archipel de quarante mille lieues carrées, à l'extrémité orientale de l'Asie, vers le centre de l'Océan Pacifique, en face de la Chine, de la Corée et de la Tartarie. Région où les extrêmes, pour ainsi dire, se touchent, où la barbarie la plus éhontée heurte de front la civilisation la plus avancée, où tout, jusqu'à la nature, semble n'être qu'une série d'oppositions et de contrastes, ce pays a pour cela même été appelé par les voyageurs *le pays des énigmes*, tant les mœurs, le climat, le langage, le sol, les productions, le gouvernement et les usages y présentent des contradictions inexplicables.

Découvert par le vénitien Marco Polo, quoique son existence fut connue en Europe depuis le milieu du XIIme siècle, l'empire du Japon s'ouvrit aux trafiquants portugais en 1542 ; sept ans après, il reçut à leur suite la lumière de l'Evangile. « Saint François Xavier, dit Pie IX dans la bulle de canonisation des saints Paul Miki, Jean de Goto et Jacques Kisaï, porta le premier la foi chrétienne au Japon, l'an 1549. Il la confirma pendant près de deux ans, par sa prédication et ses miracles, lui gagna un grand nombre d'hommes de toute condition et mérita ainsi d'être appelé l'apôtre de cette contrée. Après avoir été en butte dans ces régions, à des périls extrêmes, les Pères de la compagnie de Jésus donnèrent à sa grande entreprise de magnifiques dévelopements : ils firent accepter le joug de Jésus-Christ à plusieurs rois et gouverneurs de province et en emmenèrent trois à Rome en qualité d'ambassadeurs pour y reconnaître Grégoire XIII, notre vénérable prédécesseur, comme Vicaire du Christ Notre-Seigneur sur la terre, déclarant se soumettre, eux et leurs sujets, à son autorité. Dans plusieurs royaumes du Japon, ces mêmes Pères fondèrent des églises, bâtirent des colléges, établirent des écoles et des séminaires. Sur ces entrefaites, Faxiba, homme d'une naissance obscure qui prit ensuite le nom de Taïco-Sama, subjugua par ses armes presque tous les rois et princes, et se rendit maître de tout le Japon. Il était plein de haine pour la religion chrétienne. »

Tel fut le premier persécuteur de l'Eglise au Japon. Quelques années avant son avènement au trône, six pères jésuites avaient été empoisonnés par ordre du roi de Firando ; mais leur mort, loin d'inaugurer une ère de persécution, n'avait été qu'un de ces misérables expédients auxquels les roitelets barbares s'essayent en attendant de devenir des tyrans. Trois jésuites donc, six franciscains et sept laïques, membres du Tiers Ordre Séraphique, furent les prémices glorieuses des martyrs du Japon ; le 5 février 1597, ils furent crucifiés et arrosèrent dans cet empire ainsi que le dit l'Eglise en leur office liturgique, ils arrosèrent de leur sang la foi que St François Xavier y avait plantée : *fidem quam ibi....Sanctus Franciscus Xaverius magnis sudoribus plantaverat, ipsi suo etiam sanguine irrigarunt.* (BREV. ROM. In festo SS. Mart. Japon. S. J. 5 *februar.* Ad 4 lect.)

Mais là ne devait point s'arrêter la rage de l'enfer contre les prédicateurs de la foi chrétienne dans ces contrées si éloignées du reste de la terre. Taïco-Sama s'était contenté de ses vingt-six victimes. Son successeur, Gubo-Sama, en voulut d'autres. Dès l'année 1614, il signa un édit de persécution contre les missionnaires de tous les ordres qui évangélisaient le Japon et contre les personnes qui leur donnaient un asile. Bon nombre de chrétiens, la plupart gens de qualité, périrent à cette occasion ; mais pendant trois ans, la prudence des fidèles fut si intelligente qu'elle déroba aux satellites et aux espions les prêtres de Jésus-Christ.

Xogun-Sama, fils et successeur de Cubo, plus habile et non moins cruel que son père, parvint cependant, en 1617, à mettre la main sur le P. *Pierre de l'Ascension*, franciscain espagnol, et sur le P. *Jean-Baptiste Maciado de Tavora*, jésuite portugais. Il les écroua immédiatement dans les prisons d'Omura, et, après les y avoir abreuvés durant quelques jours d'outrages et de mauvais traitements, il les fit décapiter, le 22 mai, dans les environs de cette ville. A peu de temps de là, le 1er juin suivant, le P. *Alphonse Navarrete*, provincial des Dominicains, et le P. *Ferdinand de Saint-Joseph*, religieux Augustin, tous les deux Espagnols de naissance, furent encore décapités par ses ordres, à Omura, avec un jeune enfant nommé *Léon*, qui était l'élève du P. Jean-Baptiste de Tavora, et qui l'accompagnait, comme servant de messe, dans ses courses évangéliques.

Ecoutons ici le récit d'un pieux religieux de l'ordre de Saint-Dominique : « Une circonstance qui suivit cette exécution mérite d'être signalée. Dieu voulut montrer par un touchant symbole que le sang des martyrs, qui est une semence de chrétiens, est aussi un grand exemple de l'union et de la charité qui doit régner entre des frères. Les quatre ordres religieux qui évangélisèrent le Japon et qui s'y rendirent également célèbres par leur zèle vraiment apostolique, se trouvèrent alors réunis dans la mort. Après le martyre des Pères Alphonse Navarrete, dominicain, et Ferdinand de St-Joseph, augustin, on ouvrit les cercueils des Pères Pierre de l'Ascension, franciscain, et Jean Baptiste Tavora, jésuite, pour les jeter tous ensemble à la mer. Le corps du Père Alphonse Navarrete fut mis dans un même cercueil avec celui du Père Jean-Baptiste ; le Père Ferdinand fut placé dans celui où reposait le Père Pierre de l'Ascension. Ces deux cercueils furent fortement liés l'un à l'autre, chargés de grosses pierres et lancés au milieu des flots. (1) »

Ces quatre religieux étaient des hommes d'une vertu éminente. Le Père de Tavora, avant de mourir, écrivant à l'un de ses frères, déclara que le P. Pierre de l'Ascension était un *saint*, et lui-même, le P. de Tavora, ainsi que le souvenir en a été conservé dans les *Annales de la Compagnie de Jésus*, n'avait cessé, tant en Europe qu'au Japon, de répandre autour de lui un doux parfum de sainteté. Quant au P. Navarrete, il en est fait, dans l'ouvrage que nous venons de citer, un tel portrait, qu'il est tout naturel de le compter au nombre des illustrations des Frères Prêcheurs. Pour le P. Ferdinand de St-Joseph, sa douceur, sa charité et son zèle l'avaient rendu extrêmement cher à tous.

Cette double exécution n'était pourtant que le prélude des boucheries auxquelles l'iniquité allait se livrer sur la terre infortunée du Japon. Quand on lit dans les vieux historiens de cette église lointaine le récit du carnage que le *lion rugissant* sema dans son sein et sous ses tentes, il est impossible de ne pas frissonner d'horreur et de ne pas se rappeler les jours à jamais néfastes des

(1) André Meynard. O. P. *Missions Dominicaines dans l'Extrême-Orient*, 1er vol., pages 281 et 282.

Néron, des Dioclétien et des Dèce. Prêtres et laïques, nommes et femmes, vieillards et enfants, tous courent au supplice avec une ardeur incomparable, et en même temps, le bras du bourreau n'est jamais las de faire des victimes ; loin de là, le sang versé par lui double et triple ses forces ; on dirait que son glaive prête des ailes à la mort.

Ainsi, aux bienheureux Pierre de l'Ascension, Jean-Baptiste de Tavora, Alphonse Navarrete et Ferdinand de Saint-Joseph, succéda bientôt dans l'arène du martyre le P. *Jean de Sainte-Marie*, franciscain : il eut la tête tranchée, non loin de Méaco, le 16 août 1618. Puis vinrent tour à tour dans ce champ-clos de la gloire et du sacrifice, pendant l'année 1619, *Thomas de Firando*, qui fut décapité à Nangazaki avec dix des plus fervents chrétiens de cette ville. — *Jacques Kangayama*, qui fut également décapité sur le bord de la mer dans le royaume de Bugen. — *Balthazar*, l'un des principaux fonctionnaires de la Cour de Bungo, qui eut aussi la tête tranchée avec son fils appelé *Jacques* et âgé de quatre ans à peine. — *Léonard Kimura*, japonais, frère coadjuteur de la Compagnie de Jésus, qui fut brûlé à petit feu sous les murs d'Omura, avec un soldat portugais nommé *Dominique Georges*, et trois membres de la Confrérie du Rosaire : *André Tocuan, Jean Xoûu*, japonais l'un et l'autre, et *Cosme Tarquera*, coréen de naissance. — *Jean Faximoto*, qui fut brûlé vif à Faximi, près Méaco, avec cinquante-un chrétiens des deux sexes, parmi lesquels on remarquait neuf enfants, dont le plus âgé (c'était une fille aveugle), comptait huit ans à peine. — *Ignace Xikiémon*, de la province d'Omi, qui périt sur le bûcher à Méaco pour n'avoir pas voulu prendre part avec les jeunes gens de son âge à une danse païenne en l'honneur des fausses divinités.

Pendant ce temps, les prisons ne cessèrent de recevoir de nouveaux hôtes, l'élite pour la plupart des fidèles du Japon. Sur la fin de l'année 1619, trente chrétiens furent écroués d'un seul et même coup dans celles de Méaco : celles de Nangazaki et de Firando regorgeaient de captifs. Mais ce sont celles d'Omura qui comptaient les plus nombreuses victimes ; il y avait là une foule de missionnaires et de fidèles qui depuis quatre ou cinq ans attendaient l'heure de leur supplice et que le tyran *engraissait pour la mort*, selon l'expression d'un ancien Père. Outrages, privations, mauvais traitements, rien ne leur était épargné de ce qui pouvait lasser leur constance et les faire chanceler dans leur foi. Aucun d'eux heureusement n'eut la faiblesse de faillir. Il y en eut deux cependant qui ne purent résister à leurs souffrances et qui, le saint Nom de Jésus sur les lèvres, moururent de faim et de douleur dans leur cachot infect. L'un, *Ambroise Fernandez*, portugais, frère coadjuteur de la Compagnie de Jésus, expira le 6 janvier 1620, dans la 70me année de son âge ; l'autre, *Jean de St Dominique*, prêtre de l'Ordre des Frères Prêcheurs, ne tarda pas à le suivre dans la tombe. C'étaient deux religieux d'une remarquable vertu, et au lieu de prier pour le repos de leur âme, leurs compagnons de captivité entonnèrent le *Te Deum* auprès de leurs dépouilles mortelles et se recommandèrent publiquement à leur crédit auprès de Dieu.

Peu de temps après, un chrétien, nommé *Mathias*, postulant de la Compagnie de Jésus, subissait à Nangazaki un des plus affreux supplices que la barbarie ait jamais inventés : on lui faisait à plusieurs reprises avaler de l'eau par le nez, la bouche et les oreilles, *tellement*, dit le Père Crasset en son naïf langage, *qu'il semblait qu'il allait crever* ; puis, comme il ne voulait point découvrir la retraite du Provincial des Jésuites qui l'avait pris pour compagnon de voyage, on lui coupait la langue, et on l'abandonnait, brisé de coups et couvert de blessures, au coin d'une rue où il rendait bientôt sa bellle âme à son Créateur.

A quelques jours de là, *Simon Bokusai*, prince du sang que la persécution avait réduit à l'humble profession d'instituteur de village, recevait sur la Croix la couronne du martyre, à Kukola dans la province de Bugen, avec *Madeleine* sa femme, avec les époux Guengore (*Thomas et Maria*) et *Jacques* leur enfant. Il avait soixante ans et faisait partie de la Confrérie du Rosaire Avant de mourir, il écrivit au Provincial des Jésuites pour lui faire part de la sentence qui le frappait ; sa lettre, qui respire une joie indicible, se termine par ces mots : « Si la multitude de mes péchés ne retarde mon bonheur, j'espère dans peu d'heures jouir de l'éternelle félicité. »

Presque en même temps, la ville de Firando voyait couler le sang chrétien. Dans les premiers mois de l'année 1520, des pirates calvinistes, originaires de la Hollande, capturèrent sur les mers une petite embarcation espagnole qui faisait voile des îles Philippines à celles du Japon, et comme elle était montée par des catholiques, ils en livrèrent les passagers et l'équipage au farouche Xogun-Sama. Les prisonniers étaient au nombre de seize, le P. *Pierre de Zuniga*, augustin espagnol, le P. *Louis Florès*, dominicain flamand, le capitaine du navire nommé *Joachim* et japonais de naissance et treize habitants de Manille. Après avoir souffert les traitements les plus indignes dans l'île de Yuquinoxima, ils furent conduits à Firando où l'on adjoignit à leur troupe bénie le frère *Augustin Ota*, japonais, coadjuteur de la Compagnie de Jésus. Pierre de Zuniga, Louis Florès et Joachim périrent dans les flammes ; les autres eurent la tête tranchée.

Cette exécution fut un signal de recrudescence pour la persécution. En quelques mois, toutes les plages du Japon furent inondées de sang, à tel point que l'on n'a pu recueillir ni le nombre, ni le nom de ceux qui, à cette époque de lamentable mémoire, donnèrent leur vie pour Jésus-Christ. Le Père Crasset et le P. de Charlevoix, dans leur *Histoire de l'Eglise du Japon*, citent bien quelques-uns de ces confesseurs de la foi ; mais comme il a été impossible à l'autorité ecclésiastique, vu la violence de la tourmente, de faire sur leur compte les informations prescrites par les saints canons, ils n'ont pas été compris dans la Béatification du 7 juillet 1867, et nous n'avons rien à dire ici de leur supplice, si glorieux pourtant qu'il ait pu être.

Du reste, le *Grand Martyre* qui s'accomplit, le 10 septembre 1622, absorbe notre attention et réclame notre admiration toute entière. Cinquante huit héros furent exécutés, ce jour-là, sur la montagne de Nangazaki, où, un quart de siècle auparavant, St Pierre Baptiste et St Paul Miki avaient été crucifiés avec leurs 24 compagnons.

Les prisons d'Omura, nous l'avons dit, étaient pleines de chrétiens : l'ordre de St Dominique y comptait neuf religieux, les Pères Thomas du St Esprit, basque, Ange Orsuchi, lucquois, Thomas du St Rosaire, japonais, François Moralès, espagnol, Alphonse de Ména, navarrais, Hyacinthe Orphanll, castillan, Joseph de St Hyacinthe, castillan aussi, et les frères Mance de St Thomas et Jean Mangoriki, japonais, l'un et l'autre ; l'ordre de St François, neuf religieux : également les Pères Richard de St Anne, Pierre d'Avila de St Bonaventure avec six frères convers ; la Compagnie de Jésus, neuf religieux aussi, les Pères Charles Spinola de Gênes et Sébastien Kimura (celui-ci était le premier japonais qui eût été promu aux ordres sacrés), et les frères coadjuteurs, Antoine Kiuni, Pierre Sampò, Gonzalve Fusaï, Michel Xumpò, Thomas Acafoxi, Louis Cavora et Jean Chungokou. Le reste des prisonniers, hommes et femmes, appartenaient à l'état laïque, bien que la plupart fussent enrôlés dans le Tiers Ordre de St Dominique, ou celui de St François, ou dans la *Confrérie des Martyrs* instituée par les jésuites. (1).

Quelque douloureuse que fût leur détention, elle n'était pas sans charmes pour eux : ils voyaient dans leur prison le vestibule et l'antichambre du Ciel. « Je ne la changerais pas, écrivit le P. Moralès, pour les plus grands palais du monde. » — « Ma bienheureuse prison, ajoutait Alphonse de Ména, est mon paradis. » — « Je chéris plus ma prison, continuait à son tour un soldat espagnol, Alphonse de Castro, que tous les sceptres et toutes les couronnes de l'Europe. » — « Oh ! que c'est une douce chose, s'écriait Charles Spinola, que c'est une chose délicieuse que de souffrir pour Jésus-Christ ! Je l'ai mieux appris par mon expérience, depuis que nous sommes dans ces cachots ! »

Cette prison pourtant ne consistait qu'en quatre murailles fort épaisses et privées totalement de toiture, de sorte que rien n'y mettait les captifs à l'abri des injures de l'air et de l'intempérie des saisons. « Elle était environnée, dit le P. Charlevoix, (1) d'une double palissade où les confesseurs de Jésus-Christ eurent quelque temps la liberté de se promener ; mais cela dura peu, et la dureté de leurs gardes alla même dans la suite jusqu'à les empêcher de sortir pour les plus pressantes nécessités. D'ailleurs, ils étaient à la fin en si grand nombre qu'ils n'avaient pas assez d'espace pour se coucher. Leur nourriture ne pouvait être ni plus modique, ni plus insipide ; les fidèles s'empressèrent, il est vrai, de leur faire tenir les choses dont ils pouvaient avoir besoin ; mais il en parvenait rarement quelque partie jusqu'à eux. Au bout de quelque temps, leurs gardes, touchés de l'état où ils étaient, et charmés de leur douceur, devinrent plus traitables ; mais on ne s'en fut pas plutôt aperçu qu'on les changea, ce que l'on fit plusieurs fois. A tant de souffrances les prisonniers ajoutaient des jeûnes et des macérations. Dès le commencement ils s'étaient prescrits une forme de vie qu'ils gardèrent constamment jusqu'au bout : chaque jour, les prêtres disaient la messe, et tour à tour étaient supérieurs pendant une semaine. L'office se récitait à deux chœurs. » Et le Père André Meynard consigne dans son livre des *Missions Dominicaines*, que, « après les Matines que l'on récitait au milieu de la nuit, il y avait une heure d'oraison mentale, accompagnée de sanglantes disciplines. »

(1 Cette Confrérie avait pour but de se préparer au Martyre ; ses membres s'engageaient par serment à souffrir la perte de leurs biens et de leur vie plutôt que de renoncer à leur foi. Elle eut son principal siége à Aréma où elle compta en peu de jours plus de trois mille adhérents.

(2) CHARLEVOIX 5. 7. *Histoire du Japon* tome VI pages 97 et 98.

Enfin l'heure de la délivrance allait sonner. Par ordre de l'empereur, vingt-huit détenus, les Pères *Charles Spinola, Sébastien Kimura, Pierre d'A-vila, Richard de Sainte Anne, François Moralès, Alphonse de Ména, Joseph de St Hyacinthe, Ange Orsuchi, Hyacinthe Orphanella, Thomas du St Rosaire*, les frères *Antoine Kiuni, Pierre Sampò, Gonzalve Fusaï, Michel Xumpò, Thomas Acafoxi, Louis Cavora, Jean Chongokou, Léon Salzuma, Vincent de St Joseph, Pierre d'Aguila et Jean Mangoriki*, les catéchistes *Paul Nangayxi, Antoine Sanga, Paul Tanaka, Antoine de Corée, Alexis de Mangazaki*, et deux femmes appelées, l'une *Lucie Fleites*, l'autre *Madeleine Sanga*, (cette dernière était l'épouse du catéchiste Antoine Sanga), furent extraits des prisons d'Omura et conduits par mer à Nangazaki. Ils arrivaient à peine sur le lieu de leur supplice que le chant des hymnes sacrés retentit à leurs oreilles. Etonnés, ils se tournèrent du côté de la ville, et ils aperçoivent trente des prisonniers de Nangazaki qui viennent, sous l'escorte de la soldatesque, partager leur trépas et répandre avec eux leur sang.

A la tête de ces nouveaux venus marchait ayant en main l'étendard de la Croix, *Marie de Fingo ;* puis l'on voyait porter par quatre gardes *Marie Tocuan*, veuve du bienheureux André, martyrisé en 1619, et atteinte de paralysie ; ensuite s'avançaient deux filles, *Agnès de Corée, Catherine de Fingo, Marie de Corée*, avec ses deux fils *Jean* âgé de 15 ans et *Pierre*, âgé de 3 ans seulement, *Thècle*, femme de Paul Nangayki avec son fils *Pierre* âgé de 3 ans, *Isabelle Fernandez*, veuve du bienheureux Dominique George, avec son petit *Ignace*, âgé de 2 ans, *Marie, Apollonie, Claire et Madeleine*, toutes les quatre veuves de martyrs, suivies de *Pierre Matoyama*, jeune garçon de 5 ans. Après elles, les hommes fermaient cette marche triomphale : c'étaient *Ruf*, prieur de la confrérie du Rosaire, *Dominique de Chiamgo, Damien d'Omura* et son fils *Michel* âgé de 5 ans, *Clément* et son fils *Antoine* âgé de 2 ans, *Barthélemy Cavano, Dominique Yamanda, Dominique d'Omura, Thomas Caratzù*, enfant de sept ans, et quatre autres chrétiens dont nous ignorons le nom. La joie resplendissait sur leurs visages ; on voyait bien à *leur allégresse qu'ils allaient au Ciel, à la maison du Seigneur.*

Lorsque ces deux troupes glorieuses se furent rencontrées, elles se saluèrent dans un saint enthousiasme, et, mêlant leurs voix, elles s'unirent dans un même chant de triomphe qui ne finit ici-bas que pour recommencer plus solennel et plus doux au céleste séjour. Vingt-cinq poteaux, dressés à l'avance sur le lieu du supplice, attendaient autant de victimes condamnées à être brûlées à petit feu : les Pères *Moralès, de Mena, Orsuchi, Joseph de St Hyacinthe, Orphanell, Pierre d'Avila; Richard de Ste Anne, Spinola* et *Kimura* y furent attachés avec les frères *Léon Satzuma, Vincent de St Joseph, Sampò, Fusaï, Chiuni, Xumpò, Acafoxi* et *Cavora*, ainsi que les catéchistes *Antoine de Corée, Paul Tanaka, Antoine Sanga, Alexis de Nangazaki* et la vertueuse *Lucie Fleites*. Tous les autres furent réunis en face des poteaux pour avoir, sous les yeux de leurs compagnons de martyres, les honneurs de la Décollation.

Il se passa cependant un certain temps avant que les bourreaux eussent consommé leur crime ; ils ne purent même point mettre tout de suite la main à l'œuvre : il fallait qu'un des principaux officiers de la cour arrivât pour donner le signal de l'exécution. Ce temps ne fut point perdu pour les saints martyrs : ceux qui devaient être décapités, se jetèrent aux pieds de leurs Pères dans la foi, élevés déjà au dessus de terre sur le bois de leur supplice, et leur demandèrent leur dernière bénédiction.

François de Moralès, apercevant alors Marie Tocuan sa fille spirituelle, lui demanda ce qu'était devenu son petit Paul. « Il est, répondit cette héroïque chrétienne, où vous et moi serons bientôt ; Dieu me l'a enlevé pour le mettre en son paradis. » Le P. Spinola fit la même question à Isabelle Fernandez : « Qu'avez-vous fait de mon petit Ignace ? — Le voici, répondit la mère le prenant entre ses bras, il est bien aise de mourir avec moi, et je vais sacrifier volontiers à Dieu ce que j'ai de plus cher au monde, mon fils et ma vie. » Puis, regardant l'enfant : « Mon fils, lui dit-elle, voilà celui qui vous a fait enfant de Dieu et qui vous a donné une vie meilleure que celle que vous allez perdre, recommandez-vous à lui et demandez-lui sa sainte bénédiction. »

En présence d'un tel spectacle, on ne sait ce que l'on doit admirer le plus, ou la sollicitude de ces Pères spirituels qui, dans les bras mêmes de la mort, prennent un tel souci de ceux qu'ils engendrèrent à Jésus-Christ, ou de ces Mères chrétiennes pour qui les affections de la nature ne sont rien en comparaison des jouissances du Ciel. Ce spectacle, du reste, n'était pas nouveau pour les japonais : on l'avait vu se renouveler presque à chaque exécution de chrétiens.

Cependant cette double cohorte de soldats de la Croix se détachait peu à peu de la terre pour prendre son essor vers la bienheureuse Jérusalem. Insensiblement la flamme dévorait les uns, et le glaive des bourreaux abattait successivement les autres. Jusqu'au dernier soupir, tous ne cessèrent de confesser leur foi à voix haute et intelligible ; plusieurs chantaient les louanges du Très-Haut, d'autres répétaient les prières de l'Eglise, quelques-uns prêchaient l'Evangile à la foule qui les entouraient.

Le P. Spinola qui était le chef de cette sainte milice, portait encore son surplis et son étole ; il entonna le *Laudate Dominum omnes gentes*, et quand ce psaume fut achevé, il harangua les bourreaux et les satellistes. Le P. Kimura en fit de même. Le P. Joseph de St Hyacinthe, ayant reçu de la main d'une pauvre femme un peu d'eau pour étancher sa soif, leva sa tasse en haut à la façon des japonais pour saluer et pour remercier l'assistance. Le P. Moralès se promena longtemps au milieu des brasiers ardents, comme pour défier les flammes. Paul Magayxi quitta sa place pour ramener deux pauvres japonais que la violence du feu avait tout d'abord effrayés. Le petit Ignace, voyant la tête de sa mère tomber sous le tranchant du sabre, découvrit lui-même son cou et le présenta joyeux à la rage du tyran.

Telle fut cette exécution mémorable du 10 septembre 1622. On a eu raison de l'appeler le *Grand Martyre* : car il n'y a pas eu, que nous sachions, dans les fastes de l'Eglise du Japon, de circonstance aussi solennelle que celle-là, mais elle ne devait point être la fin de la persécution.

Le lendemain, en effet, *Gaspard Kotenda*, catéchiste des jésuites, eut la tête tranchée à Firando, en compagnie de deux enfants fils de Martyrs, *François Torquera* et *Pierre Cavano*, le surlendemain, le P. *Thomas du St*

Esprit et le frère *Mance de St Thomas*, dominicains, les Pères *Apollinaire Franco*, *François de St Bonaventure* et *Paul de Ste Claire*, franciscains, furent brûlés vifs à Omura avec six frères du Tiers Ordre Séraphique, le même jour et au même lieu. *Louis Suquiazémo*, qui avait été arrêté, lorsqu'il enlevait les reliques des victimes du *Grand Martyre*, fut brûlé vif, et sa femme, avec l'un de ses parents, eurent la tête tranchée, le 45 septembre, le P. *Camille Costanzo*, jésuite napolitain, fut brûlé vif à Firando, et Dieu sembla renouveler pendant plusieurs heures en sa faveur le miracle des *Trois Enfants dans la fournaise :* il expira en chantant le *Sanctus*, le 1er octobre. *Louis Yakiki*, après avoir subi de nombreuses tortures, fut brûlé vif à Omura et sa femme *Lucie*, ses deux petits garçons *André* et *François*, quatre chrétiens qui appartenaient comme lui au Tiers Ordre de St Dominique, *André de Corrée*, *Mance de Figan*, *Thomas d'Omura* et *Cosme de Caraïkou*, avec *Michel*, le fils de ce dernier, âgé de quatre ans, furent décapités en sa présence, le 1er novembre. Le P. *Pierre-Paul Navarro*, jésuite napolitain, fut brûlé à petit feu à Scimabara, avec deux frères coadjuteurs de la Compagnie de Jésus, *Denis Fugescima* et *Pierre Onizuka* et un chrétien nommé *Clément*.

- Le 4 décembre, de l'année suivante, le P. *Jérôme de Angelis*, jésuite sicilien, subit, à Jeddo, le supplice du feu avec un frère coadjuteur de son ordre, *Simon Jampô*, un franciscain le P. *François Calvez*, espagnol et 48 chrétiens de tout âge et de toute condition.

- L'année 4624, fut signalée également par un grand nombre de martyres. Les plus connus sont celui du 16 février, où *François Santara*, noble japonais fut décapité dans le palais même du roi de Bugan, — celui du 22 février, où le P. *Didace Carvaglio*, jésuite portugais, fut précipité dans l'étang glacé de Xendaï avec neuf chrétiens, — celui du 3 mars, où les membres de deux familles considérables de Firando, au nombre de neuf également depuis la vieille *Marie*, âgé de 90 ans, jusqu'au petit *Michel*, âgé de sept ans, eurent la tête tranchée, où deux autres familles, l'une la famille *Iquisuki* d'Usurka composée de sept personnes, l'autre la famille *Damien* de Nankaïa (ou plutôt six de ses membres), subirent aussi le supplice de la Décollation, — celui du 6 mars, où *Marie Sukanoto* avec ses quatre enfants à Nankaïa, *Michel Fiemon*, Ursule sa femme et leurs trois enfants à Firando, et *Catherine Jukinoma* à Pisimo, eurent la tête tranchée comme les précédents.

  On vit encore, en cette même année, le 8 mai, *Léon Misaki* et trois de ses enfants massacrés à coups de sabre dans le Royaume de Bun, le 25 août, le P. *Michel Carvaglio*, jésuite portugais, brûlé vif à Omura avec les Pères *Louis Sotello* et *Louis Sassandra*, franciscains le Père *Pierre Vasquez* de l'ordre de St Dominique et le frère *Louis Baba*, japonais membre du Tiers-Ordre de St François.

  L'année 4625 se passa sans exécution notable. L'on a conservé toutefois le souvenir de *Jacques Koïti*, chrétien de Corée, qui fut brûlé pour la foi à Nangazaki, et celui de trente deux fidèles japonais de l'un et l'autre sexe qui subirent le même supplice à Kubata.

- Mais, l'année 4626, le feu de la persécution reprit avec une violence inouïe de tous les côtés, les buchers s'allumèrent, les prisons se remplirent, et l'Eglise du Japon, déjà décimée par les martyres des années précédentes, se vit presque réduite au *petit nombre des Elus*. Le 10 janvier, *Thomas Suke-zaïemon*, homme de grande naissance, périt dans les flammes à Oxü ; quelques mois après, *Monique Ovia*, jeune femme de qualité, fut massacrée à Kubata, par ses propres parents ; — le 26 juin, le P. *François Paceco*, portugais, provincial des jésuites et administrateur apostolique de l'Evêché du Japon, fut brûlé vif à Nangazaki, avec les Pères *Jean-Baptiste Zola* lombard, *Balthazar de Torrès* espagnol et les frères *Gaspard Sandamatzù*, *Pierre Rinseï*, *Paul Kinsuke*, *Jean Kinsakou*, *Michel Tozò*, japonais et *Vincent Kaüm* coréen, tous de la compagnie de Jésus.

L'année 1627, s'ouvrit par le martyre, à Ximabara, de dix sept chrétiens, à la tête desquels apparaissent *Thomas Soxin*,, *Grâce* sa femme et *Jean* leur fils ; ils furent tous brûlés sur un gril, comme St Laurent. Peu après, quinze japonais furent, en haine de leur foi, noyés dans le port d'Aria, et seize autres, après avoir été horriblement mutilés, moururent de froid dans la campagne de Kutinotzù. Le 17 août, dix fransciscains, le P. *François de Ste Marie*, les frères convers *Barthélemy Laurel* et *Antoine de St François*, et les Tierçaires *Gaspard Vas*, *Thomas Vo*, *François Kafioge*, *Luc Kiémon*, *Michel Kiugemon*, *Louis Matzuon*, *Martin Gomez* et la sœur *Marie du Japon* furen- brûlés vifs. Quelques jours auparavant, le 29 juillet, le P. *Louis Bertrand*, dominicain catalan, avait péri dans les flammes à Omura, en compagnie des frères *Mance de la Croix* et *Pierre de Ste Marie* et de la sœur *Marthe la lé- preuse*, tous trois du Tiers-Ordre des Prêcheurs. Le 6 septembre, le P. *Tho- mas Tzuki*, jésuite japonais, expira de la même manière à Nangazaki.

C'est en 1627, que la barbarie raffinée de l'empereur Xogun-Sama et des nombreux *roitelets* qui régnaient sous ses ordres sur les îles du Japon, in- tenta un nouveau genre de torture pour tacher de venir à bout de la cons- tance et de la persévérance chrétiennes. Nous voulons parler du *supplice des eaux chaudes*. Ecoutons ici le P. de Charlevoix : « Le Mont Ungen, dit-il, est situé dans le Figen entre Nangazaki et Ximabara : il est fort élevé et occupe une grande superficie : son aspect seul a quelque chose d'effrayant. Son sommet est pelé, blanchâtre et n'est guère qu'une masse calcinée..... Il en sort une fumée qu'on aperçoit de trois lieues ;.. toute la montagne exhale une odeur de soufre si forte qu'à plusieurs milles à la ronde, on ne voit pas un seul oiseau. L'eau de pluie qui tombe bouillonne d'abord..... Elle a plusieurs têtes qui sont séparées par des précipices ou des étangs d'eau brûlante. Il y avait surtout un de ces abîmes, où depuis peu d'années, il s'était fait une ouverture de figure ronde et d'environ six pas de diamètre. Il en sortait des exhalaisons si infectes, qu'on l'avait nommé Bouche de l'Enfer... Elle était pleine jusqu'à la superficie d'un composé de matière et de soufre qui s'élevait quelquefois en bouillonant... Le roi d'Arima,.... y fit conduire tous ceux qu'il tenait dans ses prisons, et ordonna qu'après les avoir dépouillés, on les plongeât d'abord par parties et qu'on recommençât la même manœuvre jusqu'à ce qu'ils fussent vaincus ou qu'on eut perdu l'es- pérance de les vaincre. Ses ordres furent fidèlement exécutés, et comme le premier essai ne réussit point, on varia ce supplice en mille manières dif- férentes. La plus ordinaire fut d'étendre le patient tout nu sur le bord de l'abîme , puis de l'arroser de la matière qu'on en tirait, et comme il n'en fallait qu'une goutte pour former une ulcère, les martyrs était bientôt dans un état à faire horreur. Souvent leur supplice durait quinze jours, et lorsque leur corps n'était plus qu'une plaie, on les abandonnait comme des cadavres jetés à la voirie, sans aucun secours et souffrant des douleurs inexprimables »

Le 3 août 1627, inaugura ce nouveau genre de supplice dans lequel expira le jour de Noël de l'année suivante , le frère *Michel Nakaxima*, japonais, coadjuteur de la compagagnie de Jésus.

Le 8 septembre de la même année, le P. *Dominique Castellet*, dominicain aragonais, les frères *Thomas de St Hyacinthe* et *Antoine de St Dominique*, convers du même ordre le P. *Antoine de St Bonaventure* et le frère *Dominique de Nangazaki*, tous deux de l'ordre de Saint François avec deux membres du Tiers-Ordre de Saint Dominique, furent brûlés vifs à Nangazaki.

C'est ainsi que de martyre en martyre nous arrivons à l'année 1632, date extrême du récit qui fait l'objet de cette notice ; car de 1629 à 1631, il y eut encore au Japon un grand nombre de confesseurs de la foi. Le nom de la plupart d'entr'eux nous est resté inconnu ; nous ignorons même les circonstances de leur mort ; tout ce que nous savons, c'est qu'ils versèrent généreusement leur sang pour le nom de Jésus-Christ.

Nous ne pouvons en terminant cette nomenclature de martyrs, passer sous silence le supplice du P. *Antoine Ixida*, jésuite japonais, qui, après avoir été plongé, durant un mois, dans les *Eaux Chaudes* du Mont Ungen, fut brûlé vif à Nangazaki, le 3 septembre 1632. Avec lui périrent, sur le bûcher, un prêtre séculier, japonais de naissance, nommé *Jérôme* et un frère franciscain, appelé *Gabriel*.

Cette triple exécution, la dernière dont nous ayons à nous occuper ici, signala l'avènement au trône de l'empereur Toxongun-Sama, il est successeur de Yogun. Elle ne ferma pas, comme chacun le sait, l'arène du martyre pour les fidèles du Japon. Toxongun-Sama, plus cruel que ses prédécesseurs, l'emporta sur eux en barbarie : il inventa de nouveaux supplices, *celui de la Fosse*, par exemple, et *celui des Alènes*, il multiplia les exécutions et les emprisonnements, il organisa une véritable chasse contre les adorateurs de Jésus-Christ et il ferma enfin, totalement les portes de son empire aux étrangers et à l'Evangile, à tel point que depuis l'année 1680, on n'a plus su en Europe ce qui se passait au Japon.

En 1692, cependant on apprit qu'il y avait encore cinquante chrétiens dans les fers à Nangazaki. Mais ce fut là le dernier signe de vie que donna l'Eglise que le grand apôtre des Indes avait fondé. Hé bien ! qui le croirait ? cette Eglise du Japon n'est pas morte ; une bouche auguste, celle de Pie IX révélait naguère au monde catholique étonné, que le précieux dépôt de notre foi s'était conservé intact jusqu'à nos jours au sein de quelques familles, dans ces contrées lointaines laissées près de deux siècles sans prêtres et sans autel.

Mais enfin, aujourd'hui le Japon semble disposé à ouvrir les yeux à la lumière. Ses ambassadeurs ont depuis cinq ans parcouru l'Europe par deux fois, son gouvernement cédant à l'influence de la France a aboli la détestable coutume de fouler aux pieds l'image du divin crucifié, et le fils aîné de son empereur doit passer, dit-on, quelques années à Paris pour se façonner à nos mœurs et s'initier aux secrets de la civilisation européenne. Du reste, depuis le 25 février 1863, le saint sacrifice de la mese est célébré dans la ville de Nangazaki, et la Croix elle-même s'élève aux yeux de tous sur la pelite église récemment bâtie, sous les auspices de la France, en face de cette populeuse cité.

Puissent les héros, dont nous esquissons ici l'histoire glorieuse et dont 205 viennent d'être offerts sur les autels par le St Siége à la vénération publique, hâter, par leurs prières et leur intercession auprès de Dieu, le retour du Japon à la vraie foi ! Les frères des Xavier, des Miki, des Spinola et des Costanzo attendent sur les rivages de la Chine, comme les frères des Navarrete, des Orsuchi, des Pierre d'Avila, des Sotello et des Laurel sur ceux des Iles Philippines, le moment où il leur sera donné d'aller sur la terre si longtemps inhospitalière du Japon, sinon verser leur sang, du moins mêler leurs sueurs à celles des infatigables apôtres du séminaire parisien des Missions Etrangères qui ont déjà posé le pied sur le petit ilot de Désima. Puissent encore leurs frères que Pie IX a couronnés ici-bas de l'auréole bienheureuse, obtenir au plus tôt cette grâce !

Cette béatification d'ailleurs semble présager aux chrétientés de l'Extrême Orient une ère nouvelle. Si le sang des héros qui en ont été l'objet coula sur la terre japonaise, ceux qui le versèrent n'étaient pas tous originaires du Japon. Nous avons nommé, dans cette nomenclature de Martyrs, des Portugais, des Espagnols, des Italiens ; nous avons nommé des Coréens. Or, la Corée ne se trouve-t-elle pas, à cette heure, dans les mêmes conditions que le Japon lui-même ? Il y a, en effet, un an à peine qu'elle s'illustrait par le martyre de deux Evêques et de plusieurs prêtres de Jésus-Christ. Le sang des Bienheureux Cosme Tarquera, Antoine de Corée, André de Corée, Jacques Loïci, Vincent Kaïn et de la bienheureuse Marie de Corée criera au ciel grâce, miséricorde et pardon.

Il n'est pas jusqu'à la voix des Bienheureux Charles Spinola, Camille Costanzo, Jérôme de Angelis, Ange Orsnchi, Jean-Baptiste Zola et Pietre-Paul Navarro qui s'élèvera haute et forte jusqu'au trône de l'Eternel en faveur de l'Italie qui leur donna le jour et de la ville de Rome où ils viennent de recevoir leur premier culte liturgique. Nous espérons aussi que les Bienheureux Charles Spinola et Jérôme de Angelis auront une prière pour l'Eglise d'Angleterre : se rendant de Lisbonne au Japon, ils furent pris par des corsaires Anglais et conduits par eux dans les prisons de la Grande Bretagne où ils gémirent quelque temps dans les fers.

L'Espagne et le Portugal auront part également aux saintes intercessions de ces Martyrs. Que les Bienheureux Dominique Castellet, Louis Bertrand, François Calvez, Pierre d'Avila, Pierre de Zaniga, Pierre de l'Ascension, Apollinaire Franco, Hyacinthe Orphanell, Alphonse de Mena, Ferdinand de St Joseph, François Moralès, Thomas du St Esprit demandent pour la première qu'elle soit toujours franchement catholique, comme elle l'a été jusqu'ici ; et que les bienheureux Jean-Baptiste de Tavora, Ambroise Fernandez, François Paceco, Michel et Didace Carvaglio, Dominique Gorges et Isabelle Fernandez obtiennent au second de redevenir véritablement le *Royaume très-fidèle* à l'Eglise et à son auguste Chef.

C'est là ce que des chrétiens, quelle que soit leur patrie, doivent réclamer des nouveaux bienheureux. Pour nous, enfants de la France, nous avons une autre demande à leur adresser : c'est de hâter par leurs prières l'aurore du jour où nous pourrons publiquement honorer la mémoire d'un de nos compatriotes, le Dominicain Guillaume Courtel, mis à mort, comme eux au Japon, le 27 septembre 1637. Le vénérable Courtel, qui prit en religion le nom de Dominique de St Thomas, était originaire du diocèse de Béziers : il fit sa profession au couvent d'Alby, en 1608, enseigna la théologie plus tard à celui de Toulouse et fut élu, en 1624, prieur de celui d'Avignon.

C'est, au reste, entrer ainsi dans l'esprit de l'Eglise. Que demande-t-elle, en effet, à Dieu, le jour de la Toussaint, sinon de multiplier en nous les effets de la grâce en multipliant nos intercesseurs auprès de lui ?   A. CANRON.

Marseille. — Imprimerie et Lithographie Vᵉ P. CHAUFFARD, rue des Feuillants, 20.

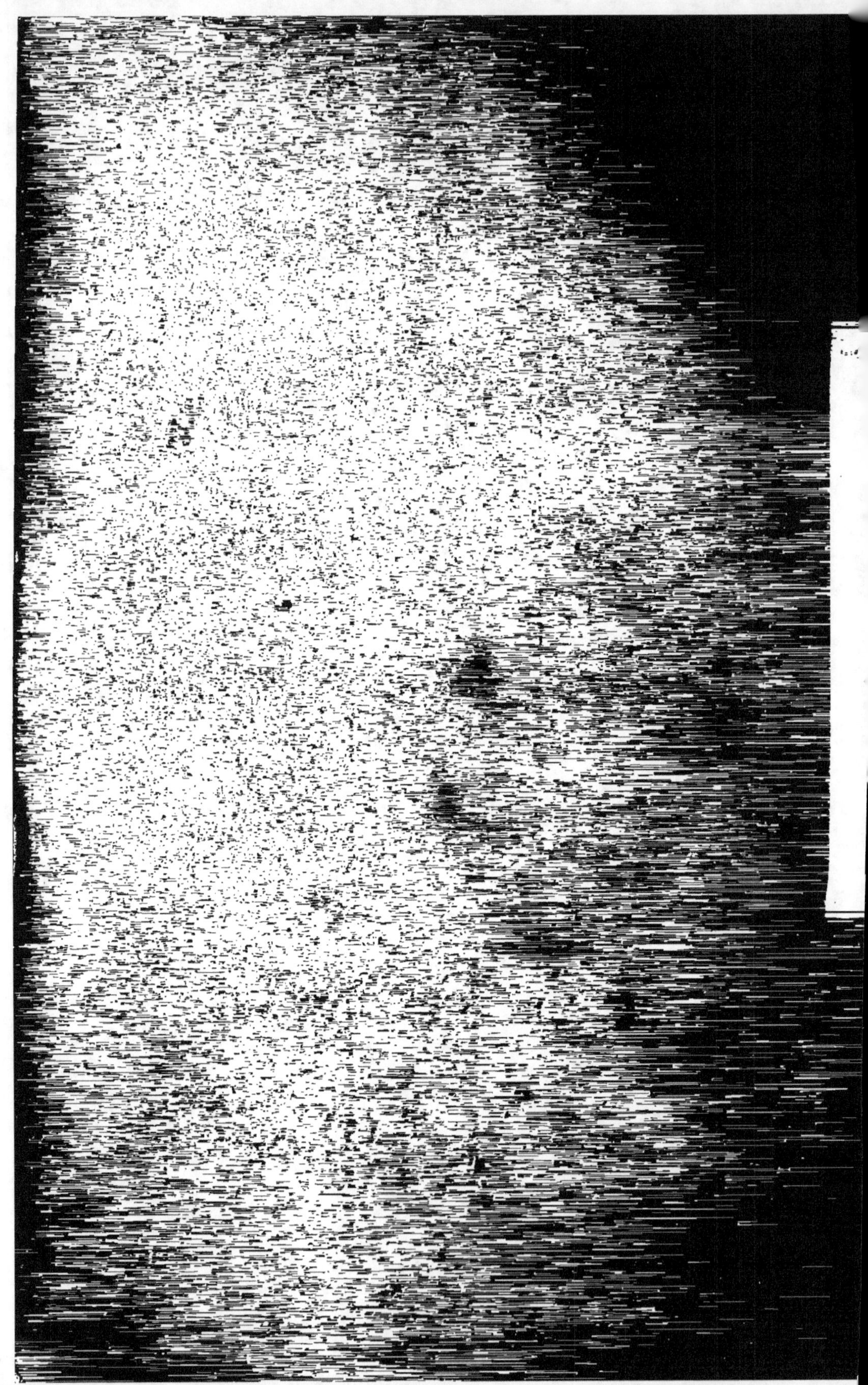